Y. 273. P.
B.

LES BESONGNES
ET LES IOVRS D'HE-
SIODE ASCRÆAN,

MIS EN FRANCOIS
PAR IAQVES LE GRAS
DE ROVEN.

A PARIS,
Chez Estienne Preuosteau, demeurãt au
mont S. Hylaire pres le puis Certain.
M. D. LXXXVI.

VIRTVTEM ET PROAVOS.

A NOBLE HOMME
MAISTRE RICHARD LE GRAS DOCTEVR EN MEDECINE, MON PERE.

MONSIEVR mon Pere, si on doit presenter les liures à ceux ou que l'on respecte sur tous autres, ou desquels on a receu quelques insignes plaisirs: à bon droit & pour l'vne & pour l'autre consideration ie vous dédie ce mien petit ouurage, vous estant celuy à qui ie doy le principal honneur aprez Dieu, & vers lequel ie suis obligé en la premiere, la plus grande, & la moins raquitable dette de toutes les dettes. Dauantage il est bien raisonnable que donnant à plusieurs autres de mes telles quelles compositions, i'en mette aussi en lumiere sous le nom de celuy qui des mon enfance a eu en souueraine recommendation de me faire instruire ez bonnes disciplines, & m'y a trefliberalement entretenu. Or ie vous fay present du plus beau & du plus profitable de tout tant qu'il nous reste d'Hesiode, sauoir est ses Besongnes & ses Iours.

Qui est l'œuure duquel ie croy qu'entent parler Isocrate quant il dit qu'Hesiode est l'vn des poëtes lesquels ont tresbien conseillé aux hommes comment ils doiuent bien & heureusement viure. Parquoy anciennement les enfans apprenoient par cœur les vers d'Hesiode, desquels on faisoit tant de cas, que l'on s'en seruoit à chaque propos comme de quelques maximes. Et mesmes Apollon quelquefois en a vsurpé en ses oracles. Hesiode donq n'est point seulement venerable pour son antiquité, estant indubitablemēt de mesme temps qu'Homere : mais il est à priser & cherir pour les belles & frequentes sentences qui y sont. Ie say bien que vous le sauez tout en sa langue : mesme que vous n'auez que faire des enseignemens & instructions tant pour la vie que pour le mesnage, dont ce liure est plein. Mais aussi ne le vous offré-ie que pour quelque tesmoignage de ma pieté enuers vous,

Monsieur mon pere, auquel ie prie Dieu de donner en bonne santé longue & heureuse vie. De vostre maison à Roüen, ce dernier iour de l'an 1582.

Vostre tres-humble & tresobeïssant fils,
IAQVES LE GRAS.

QVELQVES ANCIENS EPI-
grammes Grecs sur Hesiode.

Du 3. liure de l'Anthologie, Chap. 25.

OFFRANDE.

Icy moy Hesiode aux Muses d'Helicon
Ay offert ce present plein de deuotion:
Pource qu'elles m'ont fait en Calcis ceste grace
Que le diuin Homere en l'hymne ie gagnasse.

Epitaphe d'Hesiode.

Amy passant, ce monument
L'Ascræan Hesiode presse
De la poesie l'ornement
Et la couronne de la Grece.

Autre.

Ascre fertile en moissons a produit
Cil dont les os sont maintenant en serre
Des Chevaliers Minyens en la terre.
C'est Hesiode ayant vn si bon bruit
Que nul iamais n'en sauroit tel acquerre
Et en sagesse & en gentil esprit.

A iij

Autre, par Alcée.

Des Locriens en vn bois ombrageux
Le corps gisant d'Hesiode lauerent
Et vn tombeau les Nymphes luy dresserent.
Les pastoureaux deuotement soigneux
Le miel coulant auec le lait meslerent,
Et l'honorans sa tombe en arrouserent:
Car telle voix doucement soupiroit
Ce bon vieillart qui sage sauouroit
Les pures eaux des neuf sœurs qui l'aimerent.

D'ASCLEPIADE, SVR LE portrait d'Hesiode.
Liu. 4. de l'Anthol. ch. 27.

Les Muses autrefois elles mesmes te virent
  Hesiode, paissant en midy tes troupeaux
  Sur les monts qui bossus roidissent leurs coupeaux,
  Et débonnerement les belles t'accœuillirent.
Du laurier Phœbéan la branche elles cœuillirent,
  Et d'vn chapeau sacré voilans tes cheueux beaux,
  T'apprindrent la façon de maints hymnes nouueaux,
  Et de niais berger gentil poete te firent.
Tu beus par leur moyen de ce cler ruisselet
  Qui du haut d'Helicon glisse d'vn cours mollet,
  Que du pied fit ialir vn poulain portant ailes.
Dont sauant tu chantas les grand's races des Dieux,
  Et des preux de iadis les gestes glorieux,
  Et des bons mesnagers les besongnes fidelles.

DE CHRISTODORE POETE
Thebain, sur l'image d'Hesiode en airain.

Li. 5. de l'anthol.

Hesiode Ascræan sembloit entretenir
Les Muses qui l'alloient ez montagnes cherir:
Et viuement esmeu d'vne fureur habile
Forçoit la dureté de l'airain immobile.
Car a le regarder volontiers on eut dit
Que quelque chant diuin sauant il eut déduit.

SVR LE LIVRE D'HESIODE,
intitulé les besongnes & Les iours.

Li. 1. de l'Anthol. ch. 67.

L'autre iour, feuilletant d'Hesiode le liure,
Ie vy Iane passer dont la ieune beauté
Innombrables assaus & iour & nuit me liure.
Lors le liure quitant en grand'hastiueté,
Et remply de despit au loin l'ayant ietté,
Pourquoy est ce, vieillard, dy ie, que tu me donne
Tes besongnes à lire ? ah vaine lascheté !
Ie m'amuses à toy, & i'ay tant de besongne.

A iiij

SVR L'ANAGRAMME DE Iacques le Gras Aduocat au Parlement de Rouën.

IACQVES LE GRAS
QVI A LES GRACES,

COmme sont des mortelz differentes les faces
Aussi sont grandement differens leurs esprits.
Plusieurs sans s'esleuer suiuent les choses basses,
Les autres suiuent Mars ; Des autres mieux appris
L'vn paroist par sa langue, & l'vn par beaux escris.
Le-Gras paroist en tout, QVI de tout A LES GRACES.

      LOVÏS MARTEL.

LES BESONGNES
ET LES IOVRS D'Hesiode Ascræan, mis en François par Iaques le Gras de Rouën.

Mvses de Pierie à chanter bien habiles,
Sus louëz voſtre pere en vos chanſons gentilles,
Luy par qui des mortels les vns ont grand renom,
Des autres ſeulement on ne ſcait pas le nom:
Comme du grand Iuppin la volonté l'ordonne.   5
Car certes aiſément force & vertu il donne,
Et aiſément auſſy le puiſſant il deſtruit,
Aiſément l'homme illuſtre à neant il reduit,
Et accroiſt l'inconnu : aiſément il redreſſe
Le tortu, & du fier il fleſtrit la hauteſſe,   10
Iuppiter haut-bruyant qui du ciel au ſommet
S'aſſied treſ-hautement & ſa demeure y fait.
   Toy voyant & oyant enten moy debonnere,
Et adreſſe les loix ſelon iuſtice entiere,
Ottroye moy auſſi de pouuoir raconter   15
La verité à Perſe & bien l'admonneſter.
Or d'enuie entre nous il y a plus d'vn gerre,
Et en apperçoit on deux ſortes ſur la terre,
Dont l'vne tu loû'ras quand la connoiſtras bien,
Mais l'autre eſt à blamer, & de bon n'y a rien.   20
Elles tirent l'eſprit en parties diuerſes.
L'vne excite la guerre & les noiſes peruerſes,
Malheureuſe qu'elle eſt : nul n'en eſt deſireux :

Mais par necessité & par le veüil des Dieux
Pernicieuse enuie au monde est familiere. 25
L'autre l'obscure nuit l'enfanta la premiere,
Et le Saturnien ex racines la mit
De la terre, apportant beaucoup plus de profit.
Mesme le fainéant au trauail ell' esueille:
Quant il voit s'enrichir celuy qui soigneux veille 30
A labourer sa terre, & à planter aussi:
Et qui de bien regler sa maison a soucy.
Le voisin est ialoux du voisin qui s'auance.
Telle enuie aux mortels est bonne & sans nuysance.
Le potier au potier, le gueux en veut au gueux, 35
Féure à féure, & à chantre est le chantre enuieux.
 Perse, mets en ton cœur ce que ie te veux dire.
Que l'enuie ayme-mal du labeur ne te tire
Pour muser aux procez & les pleds escouter:
Car à pled & procez peu se doit arrester 40
Celuy qui pour l'année en sa maison ne serre
Les viures que Cerés fait porter à la terre.
Quand assez en auras, procez à ton vouloir
Dessus les biens d'autruy te te lerray mouuoir.
Mais derechef ainsi tu ne pourras plus faire. 45
Or amiablement appointons nostre affaire
Par les droits iugements qui de Dieu sont tres-bons.
Car desia nostre bien partagé nous auons,
Mais vne grande part tu m'en rauis encores,
Cependant que les Roys mange-dons tu honores, 50
Qui certes veulent bien voir ce procés debout,
Fols qu'ils sont, ne sachans combien plus que le tout
Se monte la moitié, ny mesme en quelle sorte
La maune & l'afrodille vn grand profit apporte.
Car le viure aux humains tiennent caché les Dieux. 55

Sinon, quand seulement aurois esté songneux
De besongner vn iour, aisement sans rien faire
Tu te pourrois tenir toute l'annee entiere.
A la fumée alors seroit le gouuernail,
Et des bœufs & mulets cesseroit le trauail. 60
Mais Iuppin l'a caché, ayant l'ame irritée
D'auoir esté trompé par le fin Promethée.
Pour ceste occasion aux hommes pourpensa
Plusieurs maux angoisseux, & le feu leur mussa
Que le fils d'Iäpet par ruse cauteleuse 65
Pour les hommes reprint dans vne verge creuse,
Et en le desrobant subtilement deceut
L'aime-foudre Iuppin qui rien n'en apperceut.
Dequoy se colerant Iuppin amasse-nuë,
 Fils d'Iäpet (dit il) de qui l'ame est pourueuë 70
De mainte inuention, pour le feu desrobé
Tu t'esiouis d'auoir ma sagesse trompé.
Mais ie feray tourner ta finesse à toy mesme
Et aux hommes futurs en vn dommage extreme.
Vn mal au lieu du feu leur don'ray qu'en leur cœur 75
Ioyeux cheriront tous, embrassans leur malheur.
 A tant se rist des Dieux & des hommes le pere.
Lors au noble Vulcain commanda pour en faire
Vne image, que tost de la terre il paistrist
Dãs de l'eau, puis que voix & force humaine y mist, 80
Et son regard aimable ornast de beautez telles
Qu'ez Deesses on voit pucelles immortelles.
Il voulut que Minerue aux ouurages l'apprit
Et à toiles ourdir d'vn tres-subtil esprit.
Il enioignit aussy à Cyprine dorée 85
Luy verser sur le chef vne grace honorée
Et vn desir moleste & des soucis aigus.

Puis au pront messager Mercure tu'-argus
Enchargea de luy mettre au fond de la poitrine
Et vn esprit chenin & mainte ruse fine. 90
   Ainsi ordonna il, & chacun promtement
Du grand Saturnien fit le commandement.
Le renommé boiteux de terre fit l'image
D'vne vierge honteuse, à la volonté sage
Du grand Saturnien: Minerue aux yeux bluëts 95
La ceignit & orna : puis de ioyaux bien-faits
De pur or, mistement firent la fille braue
Les Graces & Peithon venerablement graue.
Les Heures mesmement vierges aux beaus cheueux
La couronnoient des fleurs du printens gracieux. 100
Pallas tous ses atours agença dessus elle.
Puis le tueur d'Argus, l'ambassadeur fidelle
Ensuiuant le vouloir du gros-tonnant Iuppin
Luy composa l'esprit malicieux & fin
Pour sauoir apiper par belles menteries 105
Et decevoir les sens par douces flateries.
La voix y mit aussy ce grand heraut des Dieux:
Et la nomma Pandore, à raison que tous ceux
Qui demeurent au ciel vn present luy donnerent
Dont aux poures mortels grand domage ils causerét. 110
Quand le pere eust parfaict ce dol pernicieux,
Mercure il enuoya viste courrier des Dieux
Mener ce beau present au fol Epimethée
Qui lors ne s'auisa de ce que Promethée
Luy auoit conseillé, de iamais n'accepter 115
Aucun don de Iuppin mais au loin le ietter,
Que possible aux mortels il n'apportast nuisance.
Mais quand il eut le mal il en eut connoissance.
Car des hommes le gerre auparauant viuoit

ET IOVRS D'HESIODE.　13

Separé loin des maux, & encore n'auoit　120
Souffert aucun trauail ny maladie aucune
Qui à l'homme a donné la vieilleſſe importune:
Car bien toſt les mortels vieilliſſent en trauaux.
Mais la femme aux humains machinant triſtes maux
Oſta le grand couuercle au vaiſſeau dont ſaillirent　125
Les malheurs qui ſur nous ça & là s'eſpandirent.
Et dedans demeura du vaiſſeau ſur les bords
La ſeulette eſperance & ne s'enuola hors:
Car premier le couuercle au vaiſſeau remit elle,
Comme de Dieu voulut la prudence immortelle.　130
Mais dix mille autre maux errans de toutes pars
Sur les poures humains en ſortirent eſpars:
Car la terre & la mer de maux eſt toute pleine.
Les maladi's auſſy qui font beaucoup de peine
Viennent de leur bon gré aus humains iour & nuit　135
Muettes: car depeur qu'elles ne fiſſent bruit,
Dieu leur oſta la voix: ainſi n'eſt pas poſſible
D'euiter de Iuppin le conſeil inuincible.

　　Encore ſi tu veux ie te reciteray
Vn autre beau propos que bien ie déduiray:　140
Mais garde ce diſcours au fond de ta poitrine:
Car & hommes & Dieux ont eu meſme origine.
Les Dieux logez au ciel firent premierement
L'humaine race d'or, lors du gouuernement
Qu'auoit Saturne au ciel: or ces hommes ſans peine　145
Sans trauail ſans ſoucy viuoient vne age pleine,
A l'aiſe comme Dieux. Ils ne ſentoient iamais
La vieilleſſe chetiue, ains egalement frais
Et de pieds & de mains, exempts de tout martire
Iamais ils ne faiſoient que banqueter & rire:　150
Et comme ſommeillans doucement treſpaſſoient.

De tous biens à souhet ces hommes iouïssoient.
La terre donne-viure apportoit d'elle mesme
Du fruit de son bon gré en abondance extreme.
Eux avec plusieurs biens sans querelle émouuoir, 155
De franche volonté faisoient bien leur deuoir.
Or depuis que la terre eust couuert ceste race
Iuppiter voulut bien leur faire ceste grace
Que bons dæmons ils soient, afin que des humains
Sur la terre à iamais soient fideles gardains. 160
Ce sont eux qui sur terre & çà & là tournoyent
D'ær vestus, donne-biens, & diligens s'employent
A remarquer tous ceus qui font ou bien ou mal.
C'est le loyer qu'ils ont magnifique & royal.
 Puis vn gerre second d'argent les Dieux bastirent 165
Beaucoup pire que l'autre & differer le firent
D'auecque celuy d'or & de taille & d'esprit:
Et cent ans vn enfant grand niais mal instruit
Tout homme deuenoit nourry prez de sa mere
Tousiours en la maison se tenant sans rien faire. 170
Puis quand estoient venus de leur age à la fleur,
Ils viuoyent peu de temps esprouuans maint malheur
Par leur mauuais auis : car ceste engeance impure
Ne se pouuoit tenir de s'entrefaire iniure.
Ils ne vouloient aussi seruir les immortels, 175
Ny rien sacrifier des Dieux sur les autels,
Comme c'est la coustume & comme l'on doit faire.
Dont le Saturnien incité de colere
Les cacha, pourautant qu'ils ne rendoient honneur
Des Dieux Olympiens à l'heureuse grandeur. 180
 Or aprez que la terre eut couuert ceste race,
(Dieux souterrains nommés ont la seconde place,
Mortels, & toutefois honorez sont à plain)

ET IOVRS D'HESIODE.

Vn tiers gerre d'humains Iuppiter fit d'airain
Qui à celuy d'argent en rien n'estoit semblable, 185
Desmesurément grand, violent, indontable.
Ils se plaisoient de Mars à l'ouurage inhumain
Et à estre insolens : ne mengeans point de pain :
Mais d'vn dur diamant auoient cœur inuincible
Et monstrueux estoient d'vne force indicible. 190
Des espaules leurs mains qu'on ne pouuoit renger,
Sur leurs membres massifs on voyoit s'alonger.
Toutes d'airain estoient leurs armes esprouuées :
Toutes d'airain aussy leurs maisons esleuées :
D'airain ils besongnoient, & le fer n'estoit lors. 195
Or par leurs propres mains ces hommes estans mors,
Au spacieux manoir de Pluton descendirent
Sans renom : & l'effort de la mort ils ne fuirent
Quoy que fiers & hautains : mais par necessité
Ils lesserent pourtant du soleil la clarté. 200

   Puis quand ce gerre là fut gisant sous la terre,
Iuppin Saturnien fit vn quatrieme gerre
Et plus iuste & meilleur : c'est le gerre diuin
Des Heros renommez sur la terre sans fin,
Que demydieux nommoiẽt ceux du precedent age. 205
Or la mauuaise guerre & le triste carnage
Les fit mourir les vns à Thebes combatans
Pour les troupeaux d'Oedipe, & les autres estans
A Troye où sur les flots de la grand mer profonde
On les auoit menez pour Helene la blonde. 210
Là les couurit la mort : puis transportez bien loin,
Leur baillant à foison ce dont ils ont besoin
Et viures & seiour, le Saturnien pere
A l'escart des humains les a voulu retraire
Tout aux bouts de la terre, où ces nobles Heros 215

Exempts de tout soucy demeurent en repos
Ez isles des heureux ioignant l'Ocean large,
Où le champ nourricier trois fois par an se charge
De force fruit mielleux. Or à ma volonté
Qu'en c'est age cinquieme onque ie n'eusse esté: 220
Mais ou que decedé auparauant ie fusse,
Ou que nessance aprez sur la terre prins i'eusse.
Car certes maintenant l'age de fer voicy
Où les hommes sans cesse endureront icy
Peine & affliction, perissans miserables 225
Et de iour & de nuit: tristesses innombrables
Les Dieux leur donneront: toutefois verra on
Meslé parmy ces maux quelque chose de bon.
Or Iuppiter perdra mesmement ceste race
Maisqu'aux tempes le poil l'age blanchir leur face. 230
Ny pere à fils, ny fils à pere on ne verra
Ressembler, ny à hoste hoste cher ne sera,
Ny l'amy à l'amy, ny mesme frere à frere,
Ainsi qu'auparauant: mais ny pere ny mere
Lors qu'ils les verront vieux ils ne respecteront, 235
Ains de rudes propos ils les attaqueront,
Miserables, des Dieux ne se soucians guere:
A leurs vieux engendreurs ne don'ront le salere
De les auoir nourris; superbes, inhumains,
Faisans violemment iustice par leurs mains. 240
L'vn de l'autre la ville ira mettre en ruine.
On n'aura nul egard à celuy qui chemine
En droiture & rondeur, & qui ne iure faux.
Mais vn homme outrageux qui fait beaucoup de maux
On prisera plustost: il n'y aura iustice 245
Ny vergongne en leurs mains: l'homme plein de malice
Par iniques propos le bon offencera.

Et tes-

ET IOVRS D'HESIODE.

Et tesmoin contre luy le serment faussera.
Les hommes malheureux la mesdisante enuie
Aime-mal, triste à voir, auront pour compagnie.   250
Lors couurans leur beau corps d'vn blanc habillement
De la grand terre au ciel s'en iront vitement
Entre les immortels, quitans l'humaine race,
La Vergongne & Nemese, & lerront en leur place
Aux mortels facheux maux dont oppressez seront   255
Et toutefois remede y trouuer ne sauront.
 Or maintenant aux Roys il faut que ie raconte,
Quoy que sages ils soient, l'ænigme de ce conte:
Comme vn sacre parloit à vn beau roussignol
Gentiment griuelé tout à l'entour du col,   260
Que des serres attaint il portoit haut ez nuës.
L'oiselet transpersé des grand's ongles tortuës,
Tristement se pleignoit: mais l'oiseau rauisseur
Fierement respondit ces mots pleins de rigueur.
 Que cries tu, poüret? vn plus fort te tient ore.   265
Tu viendras quelque part que ie te mene, encore
Que bon chantre tu sois, & de toy ie feray
Mon repas si ie veux, ou ie te lesseray.
Fol qui à plus puissans veut faire resistence:
Il n'en a la victoire, & outre en recompense   270
Auec ce qu'il r'emporte vn honteux deshonneur,
Il en endure aussy mainte & mainte douleur.
 Voila ce que disoit le sacre volant-vite.
Mais, Perse, enten iustice & tout outrage euite.
Car à l'homme chetif l'outrage est dangereux,   275
Et mesmement celuy qui plus est genereux
Ne le porte aisément, ains quelquefois succombe
Sous le fais, & sur luy vn grand desastre tombe.
C'est vn meilleur chemin d'aller par autre endroit,

B

Pour eschapant ce mal auoir ce qui est droit.   280
Mais la iustice en fin est par dessus l'outrage.
L'homme niais s'apprend par son propre dommage.
Car incontinent court le iurement faussé
Quand & le iugement meschamment renuersé.
Et la iustice bruit, malgré soy entrainée   285
Là où violemment elle se voit menée
Par hommes mengedons qui malins & peruers
Rendent leurs iugemens à tort & à trauers:
Or ell' suit, d'œr espais obscurement couuerte,
Pleurant & de la ville & du peuple la perte,   290
Et apportant ruine à ces hommes qui l'ont
Dechassée, & qui droit à persone ne font.
Mais ceux qui font iustice autant au plus estrange
Qu'à celuy du païs, & dont le cœur se range
A la pure æquité, de ces hommes-là rit   295
La ville verdoyante, & le peuple y fleurit.
La paix nourry-ieunesse est tousiours en leur terre,
Iuppin large-sonnant n'y met iamais la guerre
La faim & le malheur n'y hante nullement:
Mais leur vie en festins ils passent plaisamment.   300
Ils cœuillent force biens des fertiles campagnes:
Le glan pend au coupeau des chesnes ez montagnes,
Et l'abeille au parmy fait du miel à foison:
Leurs lainieres brebis se chargent de toison:
Et viuans chastement leurs femmes menageres   305
Portent de beaus enfans ressemblans à leurs peres.
Ils ont des biens tout outre: & sur la mer ne vont:
Car tout ce qu'il leur faut, en leur païs ils ont.
Mais à ceux qui meschans de iustice n'ont cure,
Exerçans insolens œuures pleines d'iniure,   310
Iuppiter loin-voyant le grand Saturnien

De leur punition ne relaschera rien.
Souuent on voit souffrir toute vne ville entiere
Pour vn seul qui fait mal & qui songe à mal faire.
De Saturne le fils leur enuoyë tout plein   315
De desastres du ciel, la peste auec la faim.
Leurs peuples vont mourans: leurs femmes sont steriles,
Et bien tost à néant deuiennent leurs familles,
Par le sage conseil du grand Olympien.
Quelquefois d'vn grād camp il ne leur sauue riē: 320
Ou il rompt leur muraille: ou s'il veut il descharge
Sur leurs naus en la mer de son ire la charge.

  O Roys, pensez vous mesme à ce iugement cy.
C'est que les immortels estans bien prez d'icy,
Remarquent bien tous ceux qui s'entrefont iniure   325
En iugeant contre droit, des grands Dieux n'ayans cure.
Car sur la terre y a trois fois dix mille Dieux
Que Iuppiter a faits gardiens soucieux
Du mortel gerre humain qui dœr vestus tournoyent
Ca & là sur la terre, & diligens s'employent   330
A obseruer les faits & bons & vicieux.
Mesme l'illustre vierge & venerable aux Dieux
Qui demeurent au ciel, l'innocente Iustice
Fille de Iuppiter, quand quelqu'un par malice
La blesse obliquement l'ayant à nonchaloir: 335
Aussy tost elle va prez de Iuppin s'assoir
Et se complaint à luy de l'iniuste pensée
Des hommes qui peruers l'ont ainsi offensée:
Afin que rudement le peuple chastié
Luy paye à ses despens la folle mauuaistié   340
Des Roys qui ne pensans qu'à toute chose inique
Tordent les iugemens d'vne façon oblique.
  Auisans à cecy, Roys mengedons, soyez

B iij

Droits en vos iugemens & plus ne foruoyez.
Qui fait mal à autruy sur soy mesme il l'attire: 345
Et vn mauuais conseil au conseilleur est pire.
L'œil du grand Iuppiter qui tout voit & connoit,
Ces choses mesmement, s'il luy plaist, apperçoit,
Et sait quels iugemens dedans la ville on donne.
Maintenant que ny moy ny mon fils ne s'adonne 350
A suyure l'equité, puisqu'il ne sert de rien
D'estre parmy le monde ainsi homme de bien,
Et puisque celuy là qui le plus est inique
Aura le meilleur droit au iugement oblique.
Mais ie n'estime pas que ces choses à fin 355
Iamais vueille mener le seul foudre Iuppin.
Perse, mets en ton cœur ce que ie te vay dire.
Obey à iustice, & iamais ne desire
Vser de violence: ains persuade toy
Qu'aux hommes Iuppiter a baillé ceste loy. 360
Aux bestes, aux poissons & aux oiseaux encore
Il permet voirement que l'vn l'autre deuore:
Car aucune iustice il n'y a parmy eux.
Mais il nous a donné iustice qui vaut mieux.
Car si quelqu'un ayant du vray la connoissance 365
Le veut dire, il aura des biens en abondance
De Iuppin tout-voyant: mais qui de son bon gré
Faux tesmoin se sera laschement pariuré,
Et faisant à iustice vne si grand offence
Aura pour tout iamais blessé sa conscience: 370
La generation d'vn tel homme aprez luy
Obscure demeurra: mais celle de celuy
Qui iure verité, fleurira dauantage.
Or ie te dy cecy pour ton grand auantage.
Au vice tout à coup aisement on paruient: 375

Le chemin y est court, & fort prez il se tient.
Mais les Dieux immortels ont mis sueur & peine
Au deuant de vertu: vn long sentier y meine
Et roide & raboteux pour le commencement:
Mais estant au sommet par aprez aisement   380
On la trouue, combien qu'elle fut difficile.
Tres-bon est qui soigneux de ce qui est vtile
Desormais pour tousiours, de soy mesme y pouruoit.
Celuy est bon aussy qui volontiers reçoit
Le fidele conseil qu'vn autre luy propose.   385
Mais qui de soy ne sait aucune bonne chose,
Ny iamais en son cœur ne retient en oyant
L'auis donné d'autruy, c'est vn vray vauneant.
Mais toy te souuenant tousiours de ma doctrine,
Enten à trauailler, Perse race diuine: 390
Afin que desormais te haysse la faim,
Et Cerés te cherisse, & que tousiours tout plein
De viures vn grenier benigne elle te donne.
Car la faim suit tousiours celuy qui ne s'adonne
A faire aucune chose: il est mesmes aux Dieux   395
Et aux hommes aussy grandement odieux,
Pour ce que faineant au bourdon il ressemble
Qui oiseux va menger ce que soigneuse assemble
L'abeille en trauaillant. mais toy selon raison
Ordonne ta besongne, afin qu'en la saison   400
Tes greniers soient remplis. Par le trauail les hommes
Ont beaucoup de bétail, & des biens à grand's sommes.
Mesmes en trauaillant, bien plus aux immortels
Aggreable seras & aussy aux mortels:
Car ils hayssent fort ceux qui sont sans rien faire: 405
Aussy de trauailler ce n'est point vitupere,
Mais vitupere c'est de se tenir oisif.

B iij

Que si à trauailler tu te veux rendre actif,
Possible aura l'oiseux de t'ensuyuir enuie,
Te voyant enrichir. Aux biens font compagnie 410
La vertu & l'honneur. Mieux donq vaut trauailler,
Quelque estat que fortune ait voulu te bailler:
Si destournant ton cœur de l'autruy, & pour viure
Soignant à ton labeur, mon conseil tu veux suyure.

 Honte qui ne vaut rien l'homme indigẽt conduit: 415
Honte qui aux humains ore sert, ore nuit.
La defaute de biens a honte pour compagne:
Mais les grand's facultez hardiesse accompagne.

 Les biens non point rauis mais que Dieu élargit
Sont tousiours les meilleurs: car si quelqu'vn rauit 420
De main forte grands biens, ou si caut il les pille
Par l'inique moyen de sa langue subtile:
Ce qui vient quand le gain l'esprit humain deçoit,
Et que ceder la honte à l'impudence on voit:
Facilement les Dieux de splendeur le denuent 425
Et luy durent bien peu ses biens qui diminuent.
Autant est de celuy qui ne creint d'outrager
Et l'humble suppliant & le poure estranger:
Et autant de celuy qui ose de son frere
Monter dessus le lit pour en cachette faire 430
Vilenie à sa femme: & qui de qui que soit
Les enfans orfelins mal-auisé deçoit:
Et qui son pere vieux au dur seuil de vieillesse
Trauaille de debats l'attaquant par rudesse
D'iniurieux propos: Iuppiter irrité 435
En fin le payëra de son iniquité.

 Mais retire ton cœur de tous ces malefices:
Et selon ton pouuoir fay aux Dieux sacrifices
En toute netteté, grasses cuisses brulant,

ET IOVRS D'HESIODE. 23

Mesme épans leur par fois quelque humeur doux- 440
Ou offre quelque encens, & durant la vesprée (coulāt
Te couchant, & aussy quand la clarté sacrée
Tu verras reuenuë : afin que la faueur
Des Dieux puisses auoir, pour estre acquisiteur
De la terre d'autruy non autruy de la tienne. 445
Chez toy boire & menger celuy qui t'aime, vienne.
Mais lesse là celuy de qui tu es hay.
Et principalement inuiteras celuy
Qui prez de toy se tient : car si chose t'arriue
Où tu ayes besoin de quelque aide hastiue, 450
Tes voisins tous deceints tout à l'instant viendront,
Mais auant qu'y venir tes parens se ceindront.
Vn mauuis voisin nuit autant qu'vn bon profite.
Rencontrer bon voisin n'est pas gloire petite.
Et mesmes vne vache onques on ne perdra 455
Si vn mauuais voisin de malheur il n'y a.
  A loyale mesure il faut d'vn voisin prendre :
Puis à mesme mesure egalement luy rendre,
Voire mieux si tu peux : afin que puis aprez
Plusieurs de te prester à ton besoin soient prests. 460
  Ne gagne meschamment : c'est vne chose mesme
Que perte & meschant gain. Aime celuy qui t'aime :
Aide qui t'a aidé : redonne ayant receu :
Mais ne donne à celuy de qui tu n'as rien eu.
A celuy là qui donne vn chacun aussy donne : 465
Mais nul ne donne à cil qui ne donne à personne.
Le don est tousiours bon : mais rauir ne vaut rien.
Et apporte la mort : car vn homme combien
Qu'il face vn grand present, toutefois ce qu'il donne
Il le donne ioyeux d'vne volonté bonne. 470
Mais quand impudemment quelque peu que ce soit

On rauit, grand' tristesse au cœur on en reçoit.
Car si souuent vn peu sur vn peu on entasse,
Le monceau deuient grand de temps en peu d'espace.
Celuy qui met tousiours sur ce qu'il a desia 475
Amassant biens sur biens, de faim ne mourra ia.
Et ce qu'on a chez soy ne donne peine aucune:
Et mieux vaut l'y auoir: car c'est chose importune
Qu'il soit hors la maison: c'est vn grand bien aussy
De le prendre l'ayant: mais c'est vn grand soucy 480
De ne l'auoir à main, & en auoir affere.
Ce qu'il faut qu'attentif ton esprit considere.
   Quand tu viens d'entamer vne piece de vin,
Bois-en bien, & aussy quand ell' est à la fin:
Mais l'espargne au milieu: car c'est mauuaise chose 485
Quand au fond du vaisseau d'espargner on propose.
Accorde à l'homme ami suffisant payement.
A l'endroit de ton frere vn tesmoin mesmement
Prendras en te riant: car la grande fiance
Pert l'homme aussy souuët que la grand' deffiance. 490
   La saffrette putain gentiment deuisant
Ne fouille ta maison, ton esprit abusant.
Qui à femme se fie, aux larront il se fie.
   Vn seul fils suffiroit pour garder la mégnie:
Car mesme ainsi s'accroist la richesse à foison. 495
Mais puisses tu encor lesser en ta maison
Vn autre second fils quand mourras en vieillesse.
Aisément à plusieurs Dieu donne grand' richesse.
Quand ils seront plusieurs, plus de soin y aura
Et bien plus grand amas de biens on y verra. 500
   Or si de t'enrichir le desir t'aiguillonne,
Fay ainsi, entassant besongne sur besongne.

Fin de la préface.

LES BESONGNES D'HESIODE.

LES Pleiades, d'Atlas les filles, se haussans,
Commence la moisson : & elles se mussans,
Mets toy à labourer. Or se retirent elles 505
Quarante nuis & iours : puis on renoit les belles
L'an estant réuolu, & aussi tost doit on
La faucille aiguiser pour faire la moisson.
C'est là des champs la loy infalliblement seure
Qu'obseruët d'an en an ceux qui font leur demeure 510
Proche de la marine & ceux dont les maisons
Sont basties au fond des tortueux vallons
Et qui loin des grands flos de la mer tempesteuse
Tiennent vne contree abondamment fruiteuse.

 Seme & laboure nu, & nu moissonne aussy, 515
Si de tous les labeurs de Ceres as soucy
En temps commode, afin qu'en saison tout s'accroisse,
Et qu'attendant le temps soufrette ne te presse
D'aller chetiuement chez autruy coquinant,
Sans y rien profiter : comme encor maintenant 520
A moy tu es venu : mais desormais n'espere
De rien auoir de moy en aucune maniere.
Fol Perse, employe toy aux labeurs que les Dieux
Ont marquez aux humains, de peur que vergongneux
Auec femme & enfans cercher il ne te faille 525
Du pain chez tes voisins à qui de toy ne chaille,
Car par deux ou trois fois peut estre qu'en auras,

C

Mais les molestant plus, ton cas tu ne feras.
Tu vseras en vain de beaucoup de paroles:
Les propos que tiendras seront du tout friuoles. 530
Et pourtant ie t'exhorte à cercher le moyen
Et d'euiter la faim & de ne deuoir rien.

  Donques vne maison c'est la chose premiere
Dont te doiues pouruoir: mesme il t'est necessere
Vne femme d'achat non mariée auoir, 535
Qui de suyure les bœufs puisse faire deuoir:
Et vn bœuf laboureur: puis fay les vtensiles
Qui sont en la maison commodes & vtiles:
De peur que chez autruy n'en ailles emprunter
Et n'en sois despourueu luy n'en voulant prester, 540
Et que ce temps pendant la saison ne s'en aille,
Et que lesser perir ton œuure il ne te faille.

  Ton œuure ne remets de demain à demain:
Car l'homme fainéant n'a iamais grenier plein,
Ny celuy qui dilaye à demain sa besongne. 545
Mais la besongne croist lors que bien on y songne.
Celuy là qui tousiours differe à trauailler,
Contre infinis malheurs est contraint batailler.

  Quand de l'aspre soleil la force chaleureuse
Décroissant fait cesser l'ardeur vaine & sueuse, 550
Iuppin aprez l'autonne ayant pleu largement:
Alors le corps humain bien plus agilement
Se manie dispos, dautant que sur la teste
Des humains qu'à la mort la destinée appreste
Peu séiourne du iour le flambeau rotissant, 555
Ains espace plus long à la nuit va laissant.
Alors coupe le bois, & du ver n'aye doute,
Puisque sa feuille écoule & que plus il ne boute,
Alors aba du bois, car il en est saison,

ET IOVRS D'HESIODE.

Le mortier ait trois pieds, trois coudés le pilon, 560
Sept pieds c'est de l'esseüil la mesure ordinere :
Du bout, s'il en a huit, vn maillet tu peux fere.
De la rouë l'entour de quatre pieces fais,
Et tousiours trois empans à chaque piece mets. (porte
  Cerche par mōs & chāps d'yeuse vn coutre, & le 565
Chez toy l'ayant trouué : car vn de telle sorte
Est plus fort pour les bœufs, quand au sep le fichant
Le seruant de Minerue, & de clous l'attachant
Au timon l'aura ioint d'vne iuste maniere.
  Deux charuës aussi ménager tu dois faire, 570
Dont l'vne, coutre & sep, d'vne piece feras
Et l'autre de plusieurs assembler tu pourras.
Car c'est bien le meilleur, pource que rompant l'vne
L'autre à bailler aux bœufs sera bien opportune.
  De laurier ou bien d'orme est meilleur le timon 575
Et moins suiet au ver : le sep de chesne est bon :
D'yeuse le coutre soit : Bœufs de neuf ans achette,
Masles (car de ceux là n'est la force flouëtte)
Au plus fort de leur age à trauailler tres-bons.
Ceux là ne briseront la charuë ez sillons, 580
Hergnans l'vn auec l'autre, & faute de courage
Non encor acheué ne lerront là l'ouurage.
  Valet de quarante ans les suyue pas à pas
Qui se contentera d'vn pain à son repas,
Pain à quatre chāteaux dōt huit morceaus il face. 585
Luy à soy regardant bien droit le sillon chasse,
Aprez ses compagnons çà & là ne béant,
Mais l'esprit arresté à son labeur ayant.
Vn plus ieune que luy ne fait mieux la semaille,
Gardant qu'encor vn coup aller semer ne faille. 590
Car vn ieune garçon on voit incessamment

C ij

Aprez ses compagnons muser niaisement.
  Pren garde quand la voix tu orras de la gruë
Qui d'en haut tous les ans s'escrie de la nuë.
Du labour le signal ell' apporte, & d'yuer   595
La saison pluuieuse elle monstre arriuer,
Mordant au cœur celuy qui pour le labourage
N'a point de bœufs chez soy. Lors baille du fourrage
Aux bœufs cornecrochus que tu auras chez toy.
Car dire il est aisé, Compagnon, preste moy,   600
Tes bœufs & ta charette: aisé aussi de faire
Telle response, Amy, i'ay de mes bœufs affaire.
L'homme riche en pensée, estime vistement,
Dresser vne charette, & fol ne sait vrayment
Que cent pieces il faut pour faire vne charette,   605
Qu'au parauant songneux faut qu'en reserue on mette.
  Si tost donq que se monstre aux mortels le labour,
Et tes gens & toy mesme agile au point du iour
Haste toy, & tandis que la saison le porte
Laboure moite & sec: que ton champ te rapporte   610
Infinité de grains. Au printens tourneras,
Et binant en esté trompé tu ne seras.
Puis ne faux à semer tandis que la iachere
De nouueau remuée est encore legere:
La iachere gardant l'homme de maugréer   615
Et donnant aux enfans dequoy se recréer.
  Pry Iuppin terrien & Cerés reuerée,
De charger de Cerés la mengeaille sacrée,
Des que commenceras ton labour entrepris.
  Or quand de la charuë ayant le manche pris   620
Tu aiguillonneras d'vne longue baguette
L'eschine de tes bœufs dont la teste suiette
Au ioug entrelacé tirace le timon:

Derriere toy ira quelque petit garçon,
Qui ayant vne houë aux oiseaux fera peine, 625
La semence couurant : Tousiours bon ordre ameine
Force biens aux mortels, desordre force maux.
Ainsi vers bas pendront les espis gros & beaux,
Si vne bonne fin l'Olympien ottroye.
Et alors hardiment tous tes vaisseaux nettoye 630
Les airagné's chassant : car des viures qu'auras
I'espere qu'amplement ioyeux regorgeras.
Au chenu renouueau tu paruiendras bien aise,
Et ne regarderas par disette mauuaise
Vers les autres pour voir si quelqu'vn t'aidera: 635
Mais vn autre plustost besoin de toy aura.
  Que si quand le soleil a tourné sa carriere,
Tu laboures la terre, alors tu pourras faire
La moisson tout assis, dans le fond de ta main
Estreignant peu de chose, & de poudre tout plein, 640
Liant tout à rebours, débauché à merueille,
Tu porteras bien tout dedans vne corbeille.
Peu te regarderont par admiration
De voir cœuillir de grains vne grande foison.
  L'entente de Iuppin bien diuerse on voit estre, 645
Et aux mortels ell' est difficile à connoistre.
Mais si laboures tard, ce remede y sera.
Quand le cocu coucou dans les bois chantera
Aux mortels apportant vne gaye liesse:
Si alors par trois iours Iuppiter pleut sans cesse, 650
De sorte que le beuf n'aye point trop couuert
Le fourchon de son pied, n'y du tout découuert:
Le tardif laboureur a pareil auantage
Que celuy qui premier s'est mis au labourage.
  Tien bien tout en ton cœur, & ne t'oublie pas 655

C iij

Ny quand le blanc printens reuenu tu verras,
Ny la pluye en saison : Ez forges ne t'abuse,
Et assis au soleil à causer ne t'amuse.
Car mesmes en yuer quand le froid angoisseux
Tient vn chacun serré, l'homme non paresseux 660
Fait grande sa maison. Pren donq à toy bien garde
Que du mauuais hyuer la detresse faitarde
Ne te surprenne pas de poureté enclos,
Que d'vne gresle main ne foules vn pied gros.
Car sous vn vain espoir, de pain ayant afferre, 665
Le fainéant s'amasse au cœur mainte misere.
Espoir qui n'est pas bon, l'homme indigent conduit
Qui assis à l'abri sa maison ne garnit.
  Encor en my esté à tes gens il faut dire:
Tousiours l'esté ne dure, allez vos nis construire. 670
  Ianuier aux mauuais iours, aspres, écorche-bœufs,
Donne t'en bien de garde & du froid outrageux
Qui la gelé ameine alors que Boré vente
Qui sur la grande mer esmeut mainte tourmente,
Soufflant de deuers Thrace abondante en cheuaux. 675
Terre & bois se resserre: & maints grands chesnes hauts
Et maints sapins espais il renuerse par terre
De la montagne au bas, leur courant sus grand'erre.
Alors de toutes pars la forest retentit.
Bestes se herissans du froid qui les transit 680
Dessous serrent leur queuë, encore que veluë
De force poil leur peau soit chaudement vestuë.
Néantmoins le vent froid les transit viuement,
Quoy que soient au poitrail velus espessement.
Le cuir du bœuf il perce, & la chéure veluë: 685
Mais n'attaint point la peau de la brebis lainuë,
Parce que bien serré sa toison s'entretient.

Mais tout en vn monceau le vieillard en deuient.
Sur la pucelle auſſy le vent ne ſouffle guere,
Qui ſe tient au logis prez de ſa chere mere, 690
Ne ſachant pas encor les œuures de Venus :
Mais ayant bien laué ſes beaus membres tous nus,
Et ointe d'huile exquis fille mignardelette,
La nuit elle ſe couche en ſa douce chambrette.
  Quand le poulpe ſans os le pied ſe va rongeant 695
En quelque triſte coin froidement ſe logeant
Car encor le ſoleil ne luy fait apparoiſtre
Nul lieu où il ſe puiſſe esbanoyer & paiſtre
Mais ſur les hommes noirs tournoyant il ſe tient
Et ſe monſtrer aux Grecs plus lentement reuient. 700
Alors les animaux qui ont ez bois leur giſte
Cornus & non cornus, par les foreſts bien viſte
S'enfuyent, & chagrins vont claquetans les dens,
Et n'ont tous autre ſoin qu'eſtre à couuert dedens
Les teſniers bien touffus & les grotes de pierre. 705
Lors ſemblables à l'homme à trois pieds, qui vers terre
Ayant le dos rompu baiſſe touſiours le front,
Ainſi fuyans la nege & ça & là ils vont.
Lors pren vn veſtement qui le corps te défende :
Vn manteau bien molet, vn ſaye qui deſcende 710
Tout en bas, & qu'aura bien tiſſu l'artiſain
Preſſant beaucoup de trame auecque peu d'eſtain.
De ce te veſtiras, que ton corps ne fremiſſe
Et que leué tout droit le poil ne te heriſſe.
D'vn bœuf tué a force à tes pieds tu lieras 715
Des ſouliez bien aiſez qu'au dedans bourreras.
  De cheureaux nouueau-nez, quand le froid recõmence,
Auec vn nerf de bœuf les peaus cous & agence :
Afin que ſur ton dos pour la pluye euiter

C iiij

Ainsi qu'un couuerteur tu les puisses ietter. 720
Puis un bonnet bien fait sur ta teste approprie,
Que ne vienne mouiller tes oreilles la pluye.
Car le matin est froid alors que l'Aquilon
Tombe violamment auec maint tourbillon,
Et qu'un ær porte-blé du Ciel astré en terre 725
Au matin sur les champs des heureux se desserre,
Et des fleuues puisé dont le cours point ne faut,
Par la force du vent sur terre esleué haut
Ore pleut vers le soir, ore souffle, quand viste
Le Thracien Boré les nuages agite. 730
Mais parfay parauant ton ouurage & soigneux
Retourne en la maison, qu'un nuage ombrageux
Tombant espais du ciel ne t'enuelope, & face
Tout humide le corps, & tes habits ne brasse.
Mais fuy le: car ce mois sur tous est ennuyeux, 735
Et fascheux au bestail & aux hommes fascheux.
Lors la moitié aux bœufs, mais baille plus à l'homme
A manger: car des nuits la longueur tout consomme.

Tout cecy obseruant iusqu'à l'un accomply
Egale nuits & iours, tant qu'ayes receuïlly 740
Derechef les bons fruits que de diuerse sorte
La terre mere à tous abondamment rapporte.

Or aussy tost qu'aprez du soleil les retours
Iuppin aura d'yuer parfait soixante iours:
Lors prime apparoissant au soir se léue Arcture 745
Quitant de l'Ocean la sacré onde pure.
Aprez luy l'arondelle au matin gemissant
S'auance, le printens de nouueau commençant.
La preuenant mieux vaut que les vignes tu tailles:
Car il n'est plus saison que fouyr tu les ailles 750
Quand le porte-maison les Pleiades doutant

Sorty hors de la terre aux plantes va montant.
Mais pense à aiguiser tes faucilles & faire
Que tous tes seruiteurs soient prons à leur affaire.
Fuy les sieges, à l'ombre,& garde d'estre au lit 755
Iusques à l'aube en l'aoust quand le soleil rotit
Le corps tout desseché: mais haste toy grand'erre
Et le fruit au logis bien soigneusement serre,
Alerte au point du iour te leuant prontement,
A celle fin qu'à viure ayes suffisamment. 760
Car de l'œuure le tiers seule emporte l'aurore:
L'aurore auance bien le chemin, & encore
Auance la besongne: acheminer ell' fait
Maints hommes, & le ioug sur maints bœufs elle met.
 Quand le chardon fleurit, & sur l'arbre séante 765
Dru de ses ailerons la cigale bruyante
Respand un son aigu, d'esté en la saison,
Lors tres-grasse la chéure, & le vin est tres-bon,
Et tres-chaude la femme,& l'homme vain & lasche,
Pource que le soleil dont l'aspreté le fasche 770
Teste & genous luy brule & luy seche le corps.
Mais pour te rafreschir il te faut auoir lors
Au pied d'un haut rocher en un plaisant ombrage
De bon vin Biblien, du tourteau, du lettage
De chéures sans petits, & de la cher encor 775
D'une génisse à qui n'a point touché le tor,
Et de ieunes cheureaux. puis aprez que l'enuie
De menger, en ton cœur sera toute assouuie,
Boy de bon vin cleret, à l'ombre t'asséant
Et tournant le visage au vent te recreant. 780
Mais dessus les trois pars d'eau viue, clere & nette
Il faut que seulement le quart de vin on mette.
 Fay batre à tes valetz le grain qu'en la moisson

Cerés t'aura donné, si tost que d'Orion
La force apparoistra: mais fay que l'on le bate 785
En lieu bien éuenté & en aire bien plate.
Et aprez l'auoir fait iustement mesurer,
Va le songneusement dans des vaisseaus serrer.
  Puis quand dans ta maison auras à suffisance
Mis toute victuaille en sauf pour ton aisance: 790
Pren valet sans maison, seruante sans enfans:
Seruante qui en a, fait maints ennuys pesans.
  Mesme vn chien aspre-dent de nourrir aye cure,
Et trop chiche espargnant ne plains sa nourriture;
Que peut-estre celuy qui dort durant le iour 795
Ne te vienne iouër de son mestier vn tour.
Du foin & du fourrage il faut mettre en reserue,
Qui tout l'an à tes bœufs & à tes mulets serue.
Cela fait, tes valets raffraischir tu lerras
Leurs genoux, & tes bœufs hardiment deslieras. 800
  Mais au temps qu'Orion & la chienne moleste
Aura prins le milieu de la voûte celeste,
Et l'aube aux doits rosins Arctur regardera:
Perse, de vendenger bonne saison sera,
Les raisins au soleil dix iours & dix nuits pose: 805
Cinq pour les ombrager estens y quelque chose:
Et le sixieme iour entonne en tes vaisseaux
De Denys mout-royeux les doux presens nouueaux.
  Puis lors que se coucher tu verras les Pleiades
Et le fort Orion auecque les Hyades: 810
Alors sera saison de penser au labour.
Ainsy l'an sur la terre accomplit bien son tour.
  Que si de te mesler du rude nauigage
Vn hazardeux desir t'incite le courage:
Quand le fort Orion les Pleiades fuyans 815

ET IOVRS D'HESIODE.

Dans le sein tenebreux de la mer vont chéans,
Toutes sortes de vens de tempester font rage.
Lors n'aye nef en mer: mais bien du labourage
Comme ie te conseille, alors te souuiendra.
Sur terre donq ta nef tirer te conuiendra, 820
Et l'appuyer par tout de mainte grosse pierre,
Que la force des vens ne la renuerse à terre.
Puis ostant l'estoupail, que l'eau tombant d'enhaut
Ne la puisse pourrir, chez toy serrer il faut
L'equipage total, ployant de bonne sorte 825
Les ailes de ta nef qui sur la mer te porte.
Sur la fumée aussy le gouuernail pendras,
Et de te mettre en mer la saison attendras.
 Lors tire en mer ta nef: & la charge de sorte
Que beaucoup de profit ton voyage t'apporte. 830
Ainsi, Perse grand fol, le pere mien & tien
Voyageoit sur la mer ayant peu de moyen.
Il vint iadis icy par la grand pleine humide
En une noire nef, quitant Cume Æolide:
Ne fuyant pas les biens & les grand's facultez, 835
Mais bien la poureté que Dieu donne aux mortels.
Et au prez d'Helicon il fit sa demeurance
En un bourg miserable & chetif à outrance,
Ascre en yuer facheuse, & facheuse en esté,
Où en nul temps n'y a nulle commodité. 840
Donques, ô Perse, pense à faire tout ouurage
En saison, & sur tout au fait du nauigage.
Prise un petit nauire, & toutefois un grand
Est requis si tu as à porter bien pesant.
Plus tu le chargeras, tu auras dauantage 845
De profit sur profit, s'il ne vient point d'orage.
 Quand donques ton esprit au trafic tu mettras,

Et que les dettes fuir & la faim tu voudras:
Ie te monstreray bien de la mer floflotante
Les moyens, quoy que mer ny vaisseaus ie ne hante; 850
Car iamais dedens nef sur mer ie ne voguay,
Sinon quand en Eubœe autrefois nauiguay
D'Aulide où les Gregeois vn yuer séiournerent
Et vne infinité de soldats assemblerent
De la Grece sacrée, allans de tous costez 855
A Troye où mainte femme auoit de grand's beautez.
Là me trouuay aux ieux du vaillant Amphidame,
A Chalcide passant, où ses enfans dont l'ame
Fort genereuse estoit, auoient mis plusieurs prix:
Là ie dy que gagnant à l'hymne ie conquis 860
Vn oreillé trepié, dont ie fy vne offrande
Des Muses d'Helicon à la sauante bande,
Qui là premierement me mirent en chemin
De composer maint chant agreable & benin.
Voila ce que iamais i'ay eu d'experience 875
Des naus dont de maints clous les pieces on agence.
Si te diray-ie bien l'entente de Iuppin:
Car les Muses me font chanter maint chant diuin.

  Cinquante iours aprez du soleil la tournée,
La saison de l'esté ia estant enclinée 870
Vers la fin: c'est le temps de nauiguer: adonq
Ny ta nef ne rompras, ny les grand's vagues onq
N'engloutiront tes gens, si ce n'est que Neptune
Ou Iuppin roy des Dieux, pleins de quelque rancune
Te veuillent abimer: car du bien & du mal 875
Ils tiennent en leur main tout le destin final.
Alors donque les vens ne soufflans pesle-mesle
Sont seurs, & calme l'eau ne nuit au vaisseau fresle.
Lors t'en fiant aux vens tire en la mer ta nef,

Et charges y bien tout : mais de peur de meschef   880
Reuien tref-vitement, & bien garde te donne
D'attendre la vendenge & la pluye d'autonne
Et l'yuer suruenant & le souffle outrageux
De l'Autan qui émeut les grans flos naufrageux,
Et qui rend la mer rude & de danger remplie,   885
Accompagnant mauuais d'Automne la grand pluye.
   Dessus la mer aussy vont ordinerement
Les hommes au printens lors que premierement
Aussy grand qu'en marchant fait son pas la corneille,
De mesme du figuier au haut paroist la feuille.   890
Lors on va sur la mer : c'est la du renouueau
La nauigation : mais ie ne trouue beau
Ny ne saurois en rien louër tel nauigage :
Car il est trop hastif : & du mauuais naufrage
A peine eschaperas : mais les hommes n'en font   895
Nulle difficulté, mal auisez qu'ils sont.
Car la richesse est l'ame à l'homme miserable.
Mais mourir dans les flos c'est chose pitoyable.
Pourtant si tu m'en crois tu considereras
Tout ce que ie te dy & ton cœur y mettras.   900
   Ne mets pas tout ton bien dans les nauires larges :
Mais lesses en chez toy bien plus que tu n'en charges.
Car c'est pitié d'auoir quelque meschef facheux
Entre les flos émus de Neptun' impiteux.
Aussy est ce pitié quand le char trop on charge   905
Et que l'esseuil se ront & on gaste sa charge.
Garde songneusement la mediocrité :
Car tref-bonne par tout est l'opportunité.
   Pren femme quand auras de te marier l'age,
Ny bien moins de trente ans ny beaucoup dauátage.   910
Ce te soit là le temps aux noces arresté.

D'autre part soit quatre ans la femme en puberté
Puis à la marier l'an d'aprez faut entendre.
Mais espouse vne fille afin de luy apprendre
Bonnes mœurs : sur tout espouse celle là 915
Qui prez de toy demeure : aussy sois en cela
Sagement auisé, que ton fol mariage
Ne serue de risee à tout le voisinage.
Car l'homme ne sauroit conquerir rien meilleur
Qu'vne femme embrassant la vertu & l'honneur : 920
Ny rien plus dur aussy qu'vne espouse mauuaise
Qui sans les bons morceaux n'est iamais à son aise.
Son mary quoy que fort sans feu elle rotit
Et fait qu'auant le temps en chagrin il vieillit.

   Les heureux immortels tousiours crein & reuere. 925
Et ne mets nul amy à l'egal de ton frere.
Que si tu l'y as mis ne luy meffay premier :
Et ne mens sous semblant de luy gratifier.
Sy aussy ou de dit ou de fait il commence,
Rens luy deux fois autant : mais si aprez l'offence 930
Il te veut estre amy & te'n faire raison
Reçoy le. C'est malheur d'auoir affection
Ore à l'vn ore à l'autre. En rien ton apparence
Ne démente iamais ce que ton esprit pense.

   N'aye le bruit ny d'estre hoste à beaucoup de gens, 935
Ny hoste aussy de nul, ny amy des meschans,
Ny querelleur des bons. Ne reproche à personne
La triste poureté : car c'est Dieu qui la donne.

   Le tresor de la langue espargnante est tres-bon.
Elle a beaucoup de grace allant selon raison. 940
Mais si mesdis, bien pis de toy tu orras dire.

   D'vn compagnable escot, fascheux, ne te retire :
Quand chacun contribuë, il se trouue en cela

ET IOVRS D'HESIODE.

Grand plaisir, & trespeu de despense il y a.

Du vin n'offre au matin à Iuppiter supreme, 945
N'ayant laué tes mains, ny aux autres Dieux mesme,
Car si ainsi faisois ils ne t'escouteroient,
Mais toute la priere au loin reietteroient.

Debout vers le soleil en pissant ne te tourne:
Ny de puis son coucher iusqu'à tāt qu'il retourne: 950
Ny au chemin, ny hors, ne pisse en cheminant,
Ny te descouurant nu : tousiours te souuenant
Que les nuits sōt aux Dieux : mais l'hōme sans reproche,
Bien apprins, s'accroupit ou contre vn mur s'approche.

Ny souillé de semence auprez de ton fouyer 955
Ne descouure ta honte : il t'y faut bien choyer.

Ny quand tu reuiendras des tristes funerailles
Semer de la lignée il ne faut que tu ailles.
Mais bien va y alors que reuiendras ioyeux
D'vn solennel banquet d'vne feste des Dieux. 960

Ny n'auance le pied pour trauerser l'eau clere
Des fleuues perennels, si premier ta priere
Tu n'as fait, regardant le courant cler & beau,
Aprez auoir laué tes mains de sa pure eau.
Celuy qui par malice ose passer vn fleuue 965
Sans se lauer les mains, à la parfin il treuue
Que s'estans courroucez encontre luy les Dieux
Luy donnent iustement maints trauaux ennuyeux.

Ny des Dieux en la feste auec le fer ne tranche
Le sec d'auec le verd de la cinquaine-branche. 970

Ny mettre sur le broc la tasse ne permets
Quand on boit : car là git vn desastre mauuais.

Ne lesse en bastissant ta maison imparfaite:
Que dessus la corneille à groller ne se mette.

Ne menge rien du pot & ne te laue aussy 975

Ains que prier: car peine il y a pour cecy.
　Ny sur ce qui ne peut se mouuoir ne fay mettre
Vn enfant de douze ans: cela n'est à permettre,
Et rend l'homme non homme: aussy grand' faute fait
Cil qui de douze mois vn enfant y assiet.　　　980
　Ny de la femme au bain l'homme ne se nettoye:
S'il ne veut que puny quelque iour on l'enuoye.
　Ny quand vn sacrifice allumer tu verras,
Ce qui est de secret iamais ne reprendras.
Car Dieu s'en courrouçât tousiours en fait iustice. 985
　Ny dedans le courant des riuieres ne pisse,
Ny dans vne fontaine: ains t'en garde, & aussy
Ny va pas à l'esbat, pas n'est bon faire ainsi.
　Fuy le mauuais renom: car il te faut entendre
Qu'aisé est & leger mauuais renom à prendre; 　990
Ennuyeux à porter, à lesser mal aisé.
Et le renom du tout ne se perd appaisé,
Quand parmi plusieur gens vne fois il se seme:
Et dire l'on peut bien qu'vn Dieu il est luy mesme.

LES IOVRS D'HE-
SIODE ASCRÆAN.

LES iours de par Iuppin obseruant par raison 995
　Monstre à tes gens du mois le trentieme tresbon
A reuoir la besongne & partir la pitance
Quand le peuple en iugeant la verité auance.
Car ce sont cy les iours de la part de Iuppin;
Le premier & le quart: le septieme est diuin. 　1000
　　　　　　　　　　　　　　Et sacré:

ET IOVRS D'HESIODE. 41

Et sacré : car Latone y enfanta riante
Apollon qui d'or porte vne espée esclerante.
Le huitieme & neufieme au mois croissant sont bons
Pour trauailler à tout : l'onzieme aussy auons
Et le douzieme encor, l'vn pour tondre la laine   1005
Des moutons : l'autre bon pour despouiller la plaine.
Mais vraiment de beaucoup le douzieme vaut mieux
Que l'onzieme : car lors d'vn art industrieux
File son fil l'airagne en l'aer haut suspenduë,
Et tasse son monceau la fourmy entenduë.   1010
Alors la femme doit sa toile commencer
Pour bien soudainement son ouurage auancer.
Le troisieme il ne faut commencer la semaille,
Quoy que pour esleuer le plant beaucoup il vaille.
Mais aussi le saizieme est incommode au plant,   1015
D'hommes bon engendreur : si n'est il bon pourtant
Aux filles pour nasquir ny pour la noce mesme.
Ny propre n'est pour naistre aux filles le sixieme.
Mais pour chastrer cheuureaux & moutons, & dresser
Vn parc pour le troupeau, ce iour n'est à lesser.   1020
Bon engendr'-homme il est, il aime les sornettes,
Les propos doux-menteurs & les parlés secrettes.
Le huitieme il fait bon chastrer verars & bœufs :
Mais au douzieme atten pour mulets trauailleux.
Le vintieme plein iour engendre l'homme sage   1025
Car en esprit il a dessus tous l'auantage.
De masles le dixieme est vn bon engendreur :
Mais le iour quatorzieme à la fille est meilleur.
Mesmes en ce iour là bœufs aux cornes tortuës,
Et ouäilles, & chien aux longues dens pointuës   1030
Et mulets trauailleux tu appriuoiseras
Mettant la main dessus : mais tu auiseras

D

De prez en ton esprit d'euiter au quatrieme
Le chagrin mange-cœur comme au vint & septieme.
Pren femme le quatrieme obseruant ce qu'y a   1035
D'augures tres-heureux pour cest affaire là.
Mais le cinquieme fuy, fuy aussy le quinzieme,
Et le vingt & sixiesme : ils donnent peine extreme:
Lors, dit on, çà & là raudent les Erinny's
Vengeans le faux serment nuisible enfant d'Eris.   1040
Le dixseptieme il faut qu'en l'aire vniment plate
Le doux fruit de Cerés songneusement on bate:
Et que le bucheron voise couper le bois
Dont & chambre bastir & nauire tu dois.
Le quatrieme du mois faut commencer à faire   1045
D'vn bois bien desseché la nauire legere.
Le iour dix & neuuieme aprez midy vaut mieux:
Mais le neuuieme n'est nullement dangereux.
Il est bon à planter, & bon pour la naissance
D'hôme & femme, & à rié il ne porte nuisance.   1050
Quant au vint & neuuieme vn chacun ne sait pas
Que c'est vn tres-bon iour quand percer tu voudras
Vn muy, & sous le ioug ployer le col docile
Du bœuf & du mulet & du cheual agile,
Ou la nef bien-banquée attirer en la mer.   1055
Mais peu sauent au vray les choses estimer.
Au quart perce le muy : sur tous le quatorzieme
Est sacré : mais bien peu aprez vingt le quatrieme
Appelleront tres-bon au matin : car aprez
Le midy on le trouue encore plus mauuais.   1060
   Aux humains ces iours là beaucoup de bien apportent:
Les autres non fataux de rien, chetifs, n'importent.
L'vn veut l'vn, l'autre vn autre : & toutefois on voit
Bien peu de gens sauoir ce que sauoir on doit.

ET IOVRS D'HESIODE. 43

La iournée est tantost marastre & tantost piere. 1065
Mais bien-heureux celuy qui sans aux Dieux desplaire
Connoissant tout cecy, & obseruant de prez
Les oiseaux, fait son œuure, euitant tout excez.

Fin des Besongnes & des Iours d'Hesiode.

SVR LE DECEZ DE MONSIEVR
le Gras Docteur en Medecine, mon Pere.

Que de douleurs assiduement me liure
  L'absence, helas, de mon cher engendreur,
  Dont ie ne puis heriter la valeur
  Quoy que ie soy' desireux de l'ensuyure.
De moy sa main receut iadis ce liure,
  Ia retirant de la ville son cœur,
  Et embrassant le rustique bonheur
  Pour plus en paix & plus gayement viure.
Mais aussi tost le destin est enuie
  Au beau dessein d'vne si douce vie
  Fermant ses yeux d'vne treslongue nuit.
Ie me deçoy : car ez champs delectables
  Loin des malheurs des hommes peu durables
  Ore en repos de tous biens il iouit.

IL TRESPASSA LE 28. DE
NOVEMBRE 1584. SON
ame repose en paix.

TABLE DV CONTENV EN CE LIVRE.
Les nombres monstrent les vers.

A.

AGE d'airain, 184. d'argent, 165. de fer, 223. d'or. 143.
preceptes de l'Amitié 926.
Amphidame, 857.
Apollon né le 7 du mois, 1001.
Aragne file en l'air, 1008.
Arcture, 745. 803.
Arondelle, 747.
Ascre, 858.   Augures, 1036. 1067.
Aulide, 853.
Autan, vent, 884.

B.

l'homme n'aille au Bain des femmes, 980.
Bastiment ne doit demeurer imparfait, 973.
Batre les grains en quel temps, 784. en quelle place, 785. en quel iour, 1041.
Bœuf pour le labour, 537. de quel age, 577.
Bois quand doit estre coupé, 557. en quel iour, 1043.
Boreas vent tres-violent 673.
Bonnet, 721.
Brebis bien vestues contre le vent, 686. en quel iour les faut tondre, 1005.

C.

Canicule, 801.
Chalcis, ou Chalcide, 858.
Chardon quand fleurit, 765.

TABLE.

Chaſtrer quand fait bon, 1019. 1023.
Chéures treſgraſſes en eſté, 768.
Chien eſt neceſſere, 793.
Charuë, 570.
Cigale, 765.
Cocu, ou Coucou, 648.
faut croire Conſeil, 385.
mauuais Conſeil nuiſible à qui le donne 346.
Coutre de charuë, 565. 577.
Cume en Æolie, 834.

D.

bons Dæmons, 159. en treſgrand nõbre, 327.
Deſordre apporte nuiſance, 627.
Demydieux, 205.
Dieu diſpoſe de l'eſtat des hommes à ſa volonté, 3. on ne peut euiter ce qu'il veut fere 138. ny connoiſtre ſon entente, 645. il remarque les faits des hommes, 324. tient en ſa main la bonne & mauuaiſe deſtinée, 875. le faut prier au commencement de l'œuure, 619. & craindre de l'offencer 925. 1066.
Dieux & hõmes venꝰ d'vn meſme endroit, 142.
Dieux ſouterrains, 182.

E

ne faut eſtre en peine d'Emprunter les vtenſiles neceſſeres, 539. 600.
Enfans s'eneruent par trop de repos, 977.
Enuie, 249. bonne & mauuaiſe 17. eſt entre ceux de meſme eſtat, 35.
Epimethée, 113.   Erinnyes, 1039.
Eſcot, 942.
Eſpargne quand doit eſtre, 483.

Esperance restée au vaisseau de Pandore, 127.
Espoir mauuais, 667.
ne faut offencer les Estrangers, 428.
Esseuïl, 561.
Eubœe, 852.

F.

Féme vertueuse vaut beaucoup, 919. féme friāde, 921. femmes sont treschaudes en esté, 764.
Feu desrobé par Promethé, 65.
n'est bon se trop Fier aux personnes, 489.
Fille se tient en la maison prez de sa mere 689. espouser vne Fille, 914.
Fils vnique, 494. auoir plus d'vn fils, 496.
Fontaines ne doiuent estre souillées, 987.
Forges où s'amusent les faineans, 657.
n'vser de Force, 359.
ne resister à plus Fort que soy, 269.
Fourmy, 1010.   Fourrage, 797.
inceste auec la femme de son Frere, 429.
Funerailles tristes, 957.

G

Gain deçoit les hommes, 423.
Gain iniuste est à fuir, 461.
Gruës monstrent la saison de labourer 593.

H

Habillemens pour l'hyuer, 709.
Hanter qui, 445.
Helene, 210.
Helicon, 857. Muses d'Helicon, 862.
Heros, 204. 215.
Hesiode fils d'vn marchand, 831. gaigne le prix de l'hymne, 860.

TABLE.

Honte ore profite, ore nuit, 415.
Honteuses parties ne sont à descouurir, 855.
Hyades, 810.
en Hyuer on peut fere beaucoup de besoigne, 659.

I

Iachere, 613.
Ianuier, 671. 735.
Iapet, 65.
Iniustice cause la ruine des païs 289. regne entre les hommes, 350.
la Iournée quelquefois marastre, quelquefois mere, 1065.
Iours bons & mauuais 995. iusques à la fin.
Isles des bienheureux, 217.
Iuppiter terrien, 617.
Iustice vierge, 332. luy faut obeïr, 358. don de Dieu, 364. ceux qui font iustice sont bienheureux, 293.

L

temps de Labourer, 505. 593. 611. 612. 637. 647.
Labourer nu, 515.
Langue parlant selon raison, 939.
Larrons dorment le iour, 795.
Latone, 1001.
Limaçon porte sa maison, 751.

M

Maillet, 562.
Maison est necessere, 533.
ne Manger auant que prier Dieu, 975.
temps de se Marier, 909. quels iours y sont bõs ou mauuais, 1017. 1035.

preceptes du Mariage, 914.
Marin propre à toute besongne, 761.
Matinées froides, 725.
Mediocrité, 907.
sur la Mer ne faut mettre tout son bien, 901.
Mendier, chose à craindre, 518. 525.
Mesdisant quel loyer recoit, 941.
temps de Moissonner, 504. 1006. moissonner nu, 515. en diligence, 753.
Moitié plus que le tout, 52.
vn Monceau croist peu à peu. 473.
Mortier, 560.

N

preceptes de la Nauigation, 813.
temps de Nauiguer, 869. 887.
Nauire petit, 843. en quel iour faut commêcer à faire vn nauire, 1045.
Nemese, 254.
estre Noyé est chose piteuse, 898.
Nuits sont sacrees aux Dieux, 953.

O

Oedipe, 207.
Oisiueté blamable, 407.
ne rongner les Ongles en iour de feste, 969.
Opportunité tres-bonne, 908.
bon Ordre est profitable, 626.
ne faut tromper les Orfelins, 432.
Orion, 784. 801. 810. 815.

P

Pandore, 80. son vaisseau, 125.
Paresse suyuie de la faim, 394. desplaisante à Dieu & aux hommes 395. 405.
Paresseux semblable au bourdon, 397. n'à ia-
mais

TABLE.

mais grenier plein, 544. s'abuse de vain espoir, 665.

Pariurement compagnon d'iniustice, 283. fils d'Eris, 1040.

Pere & mere ne doiuent estre molestez en leur vieillesse, 433.

Perse frere d'Hesiode. 831. Hesiode luy escrit ce liure, 15. plaideur, 37. belistre & faineant, 520.

Peuple puny pour les Princes, 339. puny pour la meschanceté d'vn seul, 313.

Pilon, 560.

ne Pisser contre le Soleil ny au chemin, 949. ny ez riuieres, ny ez fontaines, 986.

pour Planter, quels iours sont bons ou mauuais, 1014. 1015. 1049.

Pleiades. 505. 809. 815.

ieux & prix de Poësies, 859.

Poulpe, 695.

Poureté accompagnée de honte, 417. ne la faut reprocher, 937.

Procez est à fuir. 39.   Promethé, 62.

Prouisions, est commode de les auoir, 477.

fuir les allechements des Putains, 491. qui s'y fie, se fie aux larrons, 492.

R

comment faut Rendre ce que l'on a receu, 457.

Renommée mauuaise est à fuir, 989.

Richesse est accompagnée de vertu & d'honneur, 410. & de hardiesse, 418. c'est l'ame des hõmes, 897. quelle richesse est de durée, 419.

E

TABLE.

Riuieres sont sacrées, 962. n'y faut pisser ny fere autre ordure, 986.

S

comment faut Sacrifier aux Dieux, 428.
Sacrifices mysterieux, 982.
regne de Saturne, 141.
Semer nu, 515. en quel iour fait bon semer, 1015.
couurir la Semence de peur des oiseaux, 625.
Sep de charue, 576.
Seruante, 535. 791.
Souliez, 715.
Supplians ne sont à offencer, 428.

T

Tasse mise par dessus le broc, 971.
faux Tesmoignage, 367.
fait bon prendre des Tesmoins en toute affere, 488.
guerre de Thebes, 295.
Timon de charue, 575.
Toile en quel iour doit estre mise sur le mestier, 1011.
Trauail vtile, 401.
faut Trauailler, 411. 390.

V

Valet, 583. 791.
temps de Vendenger, 801.

TABLE.

dire Verité en iugement, 365.
Vertu difficile à acquerir, 377.
Vice aisé à trouuer. 375.
on Vieillit bien tost en mesaise, 124.
moyés d'auoir dequoy Viure sont difficiles, 55.
temps de tailler la Vigne, 749.
Vin tres-bon en esté, 768.
Vin Biblien, 774.
destremper son Vin, 781.
bon Voisin, 453. hanter ses voisins, 448.
Vtensiles, 537.

VIRTVTEM ET PROAVOS.

AV LECETVR.

AMY Lecteur, il est presque impossible qu'une impression soit totalement sans fautes, principalement de liures en si petite forme & menus caracteres que cestuy-cy. Dauantage cecy ayant esté mis sous la presse en mon absence, le compositeur de l'Imprimerie, pensant bié faire, a prins ce qu'il voyoit en ligne sans regarder ce qui estoit en marge, & que ie desiroy tenir le lieu de l'autre que i'auoy seulement sous-marqué d'un traict de plume sans l'effacer. Voicy donc ce qui est à corriger.

Vers 21. en choses bien diuerses. 255. dont affligez seront. 455. & 456.
   Ny mesmes vne vache on ne perdra iamais
   Si on n'a de malheur quelque voisin mauuais.
493. larrons. 512. sont assises. 643. & 644.

*Peu te regarderont admirans la foison
Des grains que tu auras cueillis en la saison.* 667.
& 668. *D'un inutil espoir l'indigent est nourry
Qui n'ayant dequoy viure est assis à l'abry.* 681. encore que touffue. 685. chéure peluë. 701. qui font. 755. Fuy les sieges à l'ombre, & garde. 834. Dedãs sa noire nef. 871. *Vers la fin: il est temps; fay voile, car adonq.* 915. & sur tout. 923. & 924. elle rotit sans feu, Et fait qu'auec le temps il vieillit peu à peu. 932. & 933. Reçoy le : car d'aimer il ne fut iamais bon Tantost l'vn, tantost l'autre. 941. Mais de toy, si mesdis, bien pis tu orras dire. 972. Craignant qu'il n'en prouienne vn desastre mauuais. 982. l'en voye. 1031. Et penibles mulets.

Faut sauoir que les iours d'Hesiode s'entendent des iours de la Lune.

www.ingramcontent.com/pod-product-compliance
Lightning Source LLC
LaVergne TN
LVHW022208080426
835511LV00008B/1638